Gabriele Kuby

Selbsterkenntnis

– der Weg zum Herzen Jesu

www.fe-medien.de
2. Auflage 2012
Druck: Pustet, Regensburg
Umschlaggestaltung: Renate Geisler

ISBN: 978-3-939684-83-1

Gabriele Kuby / Selbsterkenntnis – der Weg zum Herzen Jesu

Was uns von Gott trennt,
ist weniger die Sünde als der Wunsch,
sie zu rechtfertigen.

Nicolás Dávila

fe

Inhalt

Wer wünscht sich nicht eine bessere Welt? Damit „die Welt“ besser wird, müssen sich Menschen ändern, müssen einzelne Menschen umkehren und sich neu an der Wahrheit und der Liebe ausrichten. Wir leben in dem Bewusstsein, dass es *andere* sind, die für das Böse in der Welt verantwortlich sind. Sie und ich würden es bestimmt besser machen, wenn wir nur die Macht dazu hätten. Wirklich?

Als ich zum Jahresübergang in einem Kloster war, wo Mönche in radikaler Hingabe an Gott ein kontemplatives Leben führen, hatte ich ein Gespräch mit einem Pater. Er ist Profi auf dem Weg der Transformation des Menschen durch die Gnade Gottes, anders gesagt, auf dem Weg der Heiligkeit. „Wissen Sie“, sagte er, „wir haben alles hinter uns gelassen, wir leben für den Herrn, und doch entdecken wir immer wieder Böses in uns.“ Diese Bereitschaft, das Böse, das sich in die gefallene Natur des Menschen immer wieder einschleicht, schonungslos ins Licht zu stellen, scheint das paradoxe Geheimnis zu sein, warum diese Mönche so herzlich und lebendig sind und die entfaltete Individualität ihrer Person trotz Habit sichtbar ist.

Ich schaue mit dem Pater auf das vergangene Jahr zurück. Wieder sei es mir nicht gelungen, mein Leben mehr in eine Regel zu fügen, zuverlässiger zu sein in meinen guten Vorsätzen. „Das ist unwichtig", sagt er. „Wichtig ist nur eins: Sind Sie in der Liebe gewachsen? Sind sie Jesus nähergekommen?" „Ja", antworte ich, „ich bin Jesus näher gekommen." Nicht durch längeres Gebet, nicht durch gute Werke, nicht durch Askese, sondern durch eine Entdeckung.

Die Realität der Sünde

Ich habe eine Eigenschaft, die ich als Christ lieber nicht hätte. Ich gebe mir Mühe, mich nicht von ihr leiten zu lassen und sie vor anderen zu verbergen. Aber gelegentlich springt sie wie ein Teufel aus der Kiste und bringt mich in Peinlichkeit. Wenn ich ehrlich bin, ist das Schlimme daran die Scham, dass andere diesen Teufel sehen, nicht so sehr die Reue, dass es ihn überhaupt gibt. Ich weiß alles über diese Untugend – der Katechismus hat dafür weniger schonende Begriffe –, woher sie kommt, wer auch so war, dass sie ein Hindernis auf dem Glaubensweg ist, ja ein Indiz für mangelndes Vertrauen auf Gott, aber ich lebe doch in Kohabitation mit ihr, versuche sie zu kontrollieren, so zu handeln, dass es nicht beichtrelevant wird. Aber es ist mir noch nicht gelungen, sie gänzlich vor die Tür zu setzen. Habe ich eigentlich ernsthaft gekämpft?

Verwenden Sie keine Zeit darauf, sich zu überlegen, was dies bei der Autorin dieses Büchleins sein könnte. Nützlicher wäre es, sich zu fragen, ob es so etwas auch bei Ihnen gibt. Wir dürfen getrost sein: Wenn sogar der liebevolle, Reinheit ausstrahlende Pater Böses in sich entdeckt, dann spricht viel dafür, dass das Böse auch in uns Wohnrecht hat, vermutlich in einer düsteren Kammer, aber leider lässt es sich dort nicht einsperren, es taucht auf, wo es nicht soll, am Esstisch, im Kinderzimmer, im Bett, bei der Arbeit, vor allem im Umgang mit bestimmten Personen. Wenn Christen ihr Denken, Wollen, Tun und Lassen davon bestimmen lassen, nennen sie das Sünde. Sie bemühen sich, Tugenden zu üben, um von Sünden frei zu werden und so ins Land der Freiheit der Kinder Gottes zu gelangen.

Leugnung der Sünde

Es gibt Leute, die von dieser Kammer und ihren Bewohnern nichts wissen und nichts wissen wollen. Sie wollen auch nichts von Gott wissen. Was richtig und falsch ist, entscheiden sie selbst. Die Philosophen unter ihnen machen aus dieser Lebensweise eine Theorie, sie verwenden ihren ganzen hochqualifizierten Scharfsinn darauf, ihre Zeitgenossen davon zu überzeugen, dass es Gott nicht gibt und folglich auch keine absoluten Maßstäbe für gut und böse. Jede andere Sicht wird als unmodern, mittelalterlich, intolerant, undemokratisch, diskriminierend, fundamentalistisch eingestuft, um auf diese Weise eine „Diktatur des Relativismus“ zu etablieren.

Dafür ließen die britischen Jünger des Atheisten Richard Dawkings im Jahr 2009 Busse durch London fahren mit der Aufschrift: „There is probably no God. Now stop worrying and enjoy your life!” (Es gibt wahrscheinlich keinen Gott. Hören Sie jetzt auf, sich darüber Sorgen zu machen, und genießen Sie Ihr Leben!) Sie appellieren an das Urmisstrauen gegen Gott: Er ist es, der dir dein Vergnügen missgönnt, er straft dich. Schüttle ihn ab, dann kannst du endlich in Frieden dein Leben genießen und ungestört von deinem Gewissen alles tun, was du auf der Jagd nach Glück tun zu müssen glaubst.

Und doch kein Frieden

Wenn es keinen Gott gibt, gibt es auch keine Sünde, dann ist alles erlaubt, wie Dostojewski sagt. Das Wort Sünde soll einen schlechten Klang bekommen und schließlich ganz verschwinden. Daran haben jene das größte Interesse, die in Sünden verstrickt und dabei blind geworden sind für Gott. Sie bauen nach Kräften an der Diktatur des Relativismus. Warum? Weil der Relativismus die trügerische Verheißung des inneren Friedens birgt. Wenn nur endlich niemand mehr Anstoß an den Sünden nimmt, wenn nur endlich niemand mehr sagen darf, ein bestimmtes Verhalten sei Sünde, dann muss doch Frieden im Herzen einkehren. Aber er kehrt nicht ein, denn es gibt das Gewissen.

Zwar können wir dem Gewissen den Zugang zum Bewusstsein verwehren, aber wir können es nicht ganz ausmerzen. Es fristet ein klägliches und leise klagendes Dasein in der Nähe jener Kammer, in der das Böse haust, und tut sich indirekt kund in schlechtem Schlaf, schlechten Träumen, Angst, Depression und Fanatismus.

Vom Bösen in der eigenen Person nichts wissen zu wollen, ist ein Urtrieb des Menschen, der in Gläubigen ebenso virulent ist wie in Atheisten. Wir wollen gut sein und wir wollen gut dastehen, vor uns selbst, vor den Mitmenschen, vor Gott. Noch jede diabolische Ideologie wurde und wird mit „Werten“ gerechtfertigt. Vielleicht spiegelt sich in dem Streben, das Böse mit dem Schein des Guten zu verhüllen, ein Abglanz der Existenz Gottes. Welche Strategien bieten sich dafür dem Christen, der gehört hat, was Jesus in seiner Abschiedsrede vor der Kreuzigung sagt: *Wenn ihr mich liebt, werdet ihr meine Gebote halten … Wer mich aber liebt, wird von meinem Vater geliebt werden, und auch ich werde ihn lieben und mich ihm offenbaren* (Joh 14,15.21).

Eine Möglichkeit besteht darin, die Gebote mit dem Zeitgeist zu verwässern und kleinzureden und die Konsequenzen ihrer Übertretung für das ewige Heil zu ignorieren. Gott, so wird gepredigt, ist die Liebe, also kann er nicht strafen und nicht verdammen. Dass es einen Gegenspieler gibt, den Teufel, der mit Gott um die Seele des Einzelnen ringt, erfahren wir nicht, und folglich auch nichts von der Notwendigkeit des inneren Kampfes. Wir hören kaum mehr etwas von den Letzten Dingen, von der Erbsünde, von der Entscheidung über Himmel, Hölle, Fegefeuer im Augenblick des Todes, von der Wiederkunft, vom Gericht am Letzten Tag. Allein diese Worte in den Mund zu nehmen, ist gefährlich: Vorsicht! Da wirst du als Fundamentalist gebrandmarkt und ausgesondert.

Die Zeitgeist-Christen wollen die Kirche vom schmalen auf den breiten Weg führen durch Widerstand gegen das Lehramt, Anpassung der christlichen Sexualmoral an deren faktische Auflösung bis hin zum kirchlichen Segen für die „Homoehe“, Akzeptanz des alltäglichen Massenmords an ungeborenen Kindern. Sie ecken nicht an, sie sind getragen vom Mainstream, von den Medien, von den meisten ihrer Zeitgenossen und bestärken sich beständig darin, dass sie mündige, mutige, moderne Christen seien, berufen, die mittelalterlichen Zöpfe der Kirche abzuschneiden.

All dies wird mit „Liebe“ gerechtfertigt, aber Liebe, die nicht in der Wahrheit wurzelt, ist keine Liebe. Wird die Liebe aus der Wahrheit entwurzelt, wird sie zu einem Ohrenschmeichler, der den Weg zur Liebe Jesu verbaut (vgl. 2 Tim 4,1-5).

Ich glaube, dass Gott die Liebe ist und dass er Sie und mich und jeden unserer Feinde liebt, weil er uns geschaffen hat und sein Leben dafür hingegeben hat, dass wir Miterben werden im Himmelreich. Aber erfahren wir die Liebe Gottes tatsächlich? Klafft da nicht ein Abgrund zwischen der verbalen Zusicherung der Liebe Gottes und unserer Lebenswirklichkeit? Haben wir die innere Gewissheit, geliebte Kinder Gottes zu sein? Wie steht es mit dem inneren Frieden und der lebendigen Beziehung zu Gott?

Gesetzeswächter

Eine andere Strategie im Umgang mit dem Bösen besteht darin, von sich und anderen zu fordern, alle Gesetze und Gebote akribisch einzuhalten, wodurch man gleichzeitig zum Gefangenen und zum Wächter seiner selbst wird. Zur Zeit Jesu kannte man 613 Vorschriften, die ein gläubiger Jude einzuhalten hatte. Keiner war dazu fähig. Je schärfer der Wächter und Ankläger im Inneren, umso schärfer auch nach außen. Die Psychologie spricht von Projektion: Negatives, das man in sich selbst ablehnt und durch Verdrängung dem Bewusstsein entzieht, lässt Ärger und Empörung auflodern, wenn es bei anderen sichtbar wird. Man tut alles, um den Schein der Gesetzestreue zu wahren. Mit den Scheinheiligen geht Jesus scharf ins Gericht: *Die Schriftgelehrten und die Pharisäer haben sich auf den Stuhl des Mose gesetzt. Tut und befolgt also alles, was sie euch sagen, aber richtet euch nicht nach dem, was sie tun; denn sie reden nur, tun selbst aber nicht, was sie sagen. Sie schnüren schwere Lasten zusammen und legen sie den Menschen auf die Schultern, wollen selber aber keinen Finger rühren, um die Lasten zu tragen* (Mt 23,2-4).

Wie ein roter Faden zieht es sich durchs Evangelium, dass es um die Liebe zu Gott und den Nächsten geht und nicht um die Einhaltung von Vorschriften um ihrer selbst willen. Die Bergpredigt ist dazu die radikale Anleitung mit der menschlich unerfüllbaren Forderung: *Liebet eure Feinde* (Mt 5,44). Es geht Jesus um die Gesinnung des Herzens, nicht um die äußerliche Erfüllung von Geboten und Gesetzen. Als Jesus wieder einmal von den Pharisäern und Schriftgelehrten angegriffen wird, weil seine Jünger sich vor dem Essen nicht die Hände waschen, hält er ihnen die Weisung des Propheten Jesaja entgegen: *Dieses Volk ehrt mich mit den Lippen, sein Herz aber ist weit weg von mir. Es ist sinnlos, wie sie mich verehren; was sie lehren sind Satzungen von Menschen* (Mt 15,1-9).

Paulus, ursprünglich ein fanatischer Christenverfolger, wird später den Völkern predigen, dass sie nicht durch Gesetztestreue, sondern durch die Gnade Christi gerettet sind. *Jetzt aber sind wir frei geworden von dem Gesetz, an das wir gebunden waren, wir sind tot für das Gesetz und dienen in der neuen Wirklichkeit des Geistes, nicht mehr in der alten des Buchstabens* (Röm 7,6).

Weder der breite Weg der Mainstream-Christen, noch der enge Weg der Gesetzeswächter führt in eine lebendige Beziehung zu Jesus Christus, in der wir real erfahren, dass er lebt, dass er uns kennt und uns liebt, in der er uns heilen und verändern kann. Das aber ist es, wonach jeder dürstet: dass uns vergeben wird und dass wir geheilt werden, um das Heil zu erlangen.

Selbsterkenntnis

Beiden Seiten ist gemeinsam, dass sie nicht den Weg der Selbsterkenntnis gehen. Selbsterkenntnis ist eine Fähigkeit des Menschen, die kein anderes irdisches Geschöpf besitzt. Wir können geistig aus uns heraustreten und in den Spiegel schauen, den wir uns selbst vorhalten. Dabei Objektivität zu gewinnen, ist schwer, zu leicht wird der Spiegel durch Wünsche, Leidenschaften, Anpassungsdruck, Sünden, Selbstrechtfertigung verzerrt. Ob wir wollen oder nicht: Es ist ein Spiegel, bei dem die Wahrnehmung von der Bewertung nicht zu trennen ist. Aber woher kommen die Bewertungen? Und welche Wirkung auf unser Gemüt und auf unser Verhalten haben positive Selbstbewertungen und negative? Schauen wir stolz und hochmütig in den Spiegel nach dem Muster „Wer ist die Schönste im ganzen Land?" oder mit Minderwertigkeitsgefühlen und Selbstentwertung? Oder können wir mit Selbstvertrauen und Demut in den Spiegel schauen und nüchtern wahrnehmen, was er zeigt?

Die Wüstenväter wollten es genau wissen und sich selbst auf den Grund gehen. Dafür haben sie eine seelische Laborsituation hergestellt, in der sie weltliche Einflüsse so weit wie irgend möglich ausschlossen, um das Licht Gottes so stark wie möglich zu intensivieren. Und was entdeckten sie? „Das Gewissen eines Menschen, der äußerlich lebt, ist einem trüben Wasser gleich; auf dessen Grund wimmeln Gewürm, Schlangen und Krokodile der Bosheit. Der Ahnungslose merkt nichts davon, denn das trübe Wasser verbirgt ihm die klare Sicht. So lebt er sorglos, hält sich für gut und verurteilt andere. Das Gewissen eines Erleuchteten ist dagegen einem klaren Wasser gleich: Im Sonnenlichte der Gottesgnade wird jedes Stäubchen sichtbar, und jedes Stäubchen schmerzt gewaltig, denn es trennt von Gott."[1]

Erst wenn das Licht Gottes eine bestimmte Intensität erreicht, gelingt es uns, durch das trübe Wasser hindurchzuschauen. Ich erinnere mich an die starken Lampen, mit denen Fischer in kleinen Booten im Mittelmeer fischten, als ich Ende der fünfziger Jahre dort zum ersten Mal Ferien machen durfte. Damals, so sagten sie, fiel das Licht dreißig Meter in die Tiefe. Heute nur noch zehn Meter, weil das Meer durch die Verschmutzung mit Mikropartikeln trübe geworden ist. Damals, vor gut fünf Jahrzehnten, war es für den normalen Katholiken noch üblich zu beichten; die Würmer, Schlangen und Krokodile wurden beim Namen genannt, so dass man sie erkennen und in der Beichte ans Trockene setzen konnte. Heute liegt Katechese dieser Art weitgehend brach und damit auch das Sakrament der Beichte. Papst Pius XII. sagte bereits 1946: „Die größte Sünde des Jahrhunderts ist der Verlust des Sündenbewusstseins."

[1] Alla Selawry, Das immerwährende Herzensgebet, Scherz Verlag, Bern-München-Wien, 6. Aufl., 1994, S. 116. Alle Väter-Zitate stammen aus diesem Buch.

Erste Bekehrung

Aber Gott kann den Menschen immer und unter allen Umständen so berühren, dass er plötzlich erfährt: Es gibt Gott. Er kennt mich. Er schaut mich an mit einem liebenden Blick, so wie ich bin. In diesem Licht wird plötzlich der Blick in die Tiefe frei. Der Name dieser Erfahrung ist Bekehrung. Sie kann einen Ungläubigen treffen wie ein Blitz. Es kann ein Durchbruch sein bei einem, der schon lange sucht. Es kann in einer Kirche geschehen oder unter freiem Himmel, in der Einsamkeit oder unter Leuten, bei einem Musikstück oder einem Sonnenaufgang. Es kann eine Bibelstelle sein, die einen trifft, oder ein Satz, den jemand sagt. Es kann durch Leid und Schock geschehen oder mitten im Glück. Die Szenarien von Bekehrung sind so vielfältig wie die Menschen. Gott, der bei diesem Erleben Regie führt, hat die ganze Welt zur Verfügung. Etwas springt auf im eigenen Herzen, das bis dahin verschlossen war, verschlossen durch Sünden, verschlossen durch Vorurteile, verschlossen durch Gedankengebäude, verschlossen durch die Jagd nach Befriedigung menschlicher Bedürfnisse. Wie schwarzer Himmel plötzlich aufreißen kann, so reißt beim Erlebnis der Bekehrung die dunkle Schicht über dem Herzen auf und ein Lichtstrahl fällt hinein. Der Getroffene weiß jenseits allen Zweifels, dass dieses Licht von Gott kommt. Es kann auch allmählich geschehen, so langsam wie die Morgendämmerung, bis plötzlich die Sonne aufstrahlt und alle Zweideutigkeit der Dämmerung vertreibt.

Es kann dramatische, völlig unverhoffte Wendungen geben, wie z. B. bei einer mir bekannten Karmelitin. Von einer Freundin überredet, fuhr die elegante junge Dame, angetan mit Zigarettenspitze und roten Fingernägeln, nach Medjugorje. Zwei Monate später wechselte sie von der Werbebranche hinter die Gitter des Karmel, wo sie nun seit zwanzig Jahren lebt und sprühend vor Glaubenskraft bezeugt, dass sie „immer lebendiger" werde in den engen Grenzen der Klausur.

Herrschaftswechsel

Dieser Anruf von Gott fordert zur Antwort heraus, zur Richtungsänderung des Lebens, zur Hinwendung zu Gott, zu einem bewussten Ja: Herr, ich übergebe dir mein Leben. Das Ego wird entthront, es muss den Chefsessel in der eigenen Persönlichkeit räumen und Gott Platz machen: *Dein Wille geschehe.* Das kann große Angst machen, stand das ganze Leben doch unter dem Diktat eigener Zielvorgaben, eigener Strategien der Bedürfnisbefriedigung, der Suche nach Glück. Nun soll Gott das Sagen haben?

Aber die Freude ist größer als die Angst. Es ist, als würde man erst jetzt beginnen zu leben, als hätte man den Schlüssel zu einem Schatzhaus in die Hand bekommen, nicht als Besucher, sondern als Miteigentümer. Man wandert staunend von Kammer zu Kammer, von Saal zu Saal. Das Wort Gottes tut sich auf: Es ist an mich gerichtet, ich bin gemeint, die Verheißungen gelten mir! Die Kirche, verletzt, krank und geschmäht wie sie ist, wird in ihrer Heiligkeit sichtbar und als barmherzige Mutter erfahrbar. Das Sprechen mit Gottvater, dem Verborgenen, mit dem Sohn, dem Mensch Gewordenen, mit dem Heiligen Geist, dem Allgegenwärtigen, mit seiner Braut, der Mutter Gottes, mit den Engeln und Heiligen – dieses Sprechen hinein in die Dunkelheit stößt auf Resonanz, es kommt etwas zurück, kaum in Worte zu fassen, aber der Zustand verändert sich, die Seele bekommt Nahrung, und der ganzen Person wächst neue Kraft zu aus der Tiefe.

Jemand, der schon immer katholisch war und gut katholisch erzogen wurde, erlebt vielleicht keinen dramatischen Einbruch Gottes, er hat ihn nicht nötig, aber auch er muss irgendwann mit seinem ganzen erwachsenen Ich ja sagen zu Gott. „Katholisch" steht hier pars pro toto, für das Ganze der christlichen Gotteserfahrung, in welchem der abgezäunten Felder der einen Kirche Gottes sie auch geschehen mag. Menschen, die den „Herrschaftswechsel" in der eigenen Person vollzogen haben, erkennen sich über die

Grenzen hinweg und leiden an den Spaltungen. Aber sie sind gewiss, sie könnten Einheit finden im Heiligen Geist, könnten ihre Schätze zusammentragen, denn sie alle wissen: Gott wird uns keiner theologischen Prüfung unterziehen, sondern nach dem Maß unserer Liebe fragen.

Communio

Mit der Bekehrung verliert man alte Freunde und gewinnt neue. Die Frage taucht auf: Wo finde ich Geschwister im Glauben? Welcher Gebetsgruppe, welcher Gemeinschaft schließe ich mich an? Eigentlich wäre die Kirchengemeinde der natürliche Ort christlicher Gemeinschaft. Aber wo ist das noch der Fall? Wie und wo kann ich meine Talente für das Reich Gottes einsetzen? – denn das ist der Wunsch eines jeden, der Gott als lebendige Realität erfahren hat. Habe ich vielleicht eine Berufung zum Priestertum, zum geweihten Leben?

Die Vision von *communio*, von Gemeinschaft mit anderen Christen, die den Weg der Nachfolge ernsthaft gehen wollen, taucht am Horizont auf. In Zeiten des Familienzerfalls haben die meisten schon so viel Scheitern von Beziehungen erlebt. Jetzt, mit Jesus Christus wird etwas ganz Neues möglich: brüderliche Solidarität, Austausch über das, was wirklich wichtig ist, unverstelltes Mitteilen von Freud und Leid, Schwächen zeigen dürfen, sich gegenseitig helfen, Verzicht auf Macht, um Vergebung bitten und vergeben und immer erneutes Bemühen um Liebe. Das alles wird möglich durch Gebet, Gottesdienst, Lobpreis, gemeinsames Hören auf das Wort Gottes. In der Apostelgeschichte wird geschildert, was communio unter den ersten Christen bedeuten konnte: *Die Gemeinde der Gläubigen war ein Herz und eine Seele. Keiner nannte etwas von dem, was er hatte, sein Eigentum, sondern sie hatten alles gemeinsam. Denn alle, die Grundstücke oder Häuser besaßen, verkauften ihren Besitz, brachten den Erlös und legten ihn den Aposteln zu Füßen. Jedem wurde davon so viel zugeteilt, wie er nötig hatte* (Apg 4,32.34-35).

Gemeinschaft ist für den Christen mehr als ein Wunsch, sie ist eine Notwendigkeit. Nur wenige gehen allein auf einen hohen Berg, sie brauchen die Weggemeinschaft mit anderen. So auch auf dem Weg mit Jesus. Wir brauchen andere, um Gott loben und preisen und gemeinsam Gottesdienst feiern zu können. Wir brauchen die gegenseitige Stärkung im Glauben, wir brauchen das Übungsfeld mit anderen, die Reibungen, die Herausforderung, eigene Schuld zu bekennen und fremde zu vergeben, wir brauchen die Fröhlichkeit und Geborgenheit in christlicher Gemeinschaft, wir brauchen den Raum, in dem wir so angenommen werden, wie wir sind, wir brauchen gegenseitige Hilfe. Wir brauchen all dies umso mehr, je mehr wir aus der Gesellschaft ausgegrenzt werden, vielleicht sogar aus der eigenen Familie.

Diese Phase der ersten Bekehrung hat viel Ähnlichkeit mit dem machtvollen Einbruch einer großen Liebe ins menschliche Leben. Es ist ja eine große Liebe, nur mit dem Unterschied, dass der Bräutigam nicht mit den Sinnen umarmt werden kann, sondern nur im Geist, wenn auch die Eucharistie diese Grenze auf geheimnisvolle Weise überschreitet. Das Verliebtsein sprengt das Ego, und man erfährt es als Erlösung, sich dem anderen ganz schenken zu wollen. Große Entscheidungen fallen, Lebensweichen werden umgestellt, neue, beseligende Kräfte durchströmen das Gemüt und machen den Liebenden fähig, fürs ganze Leben Ja zu sagen, zu einem Menschen oder zu Jesus Christus.

In Klöstern geht der Bindungswillige einen langen, geregelten Weg vom Postulat über das Noviziat zur zeitlichen Profess, bis er nach Jahren die ewige Profess ablegt. Der Weg der lebenslangen Bindung in der Ehe ist krumm und schief geworden, und die Kirche sieht sich kaum mehr in der Lage, die Ehewilligen gründlich auf das unauflösliche Sakrament vorzubereiten. Vorbereitung heißt in beiden Fällen, aus den Illusionen des Verliebtseins herauszuwachsen und sich klar zu werden, was es bedeutet, den Höhenweg der Liebe anzutreten.

Die Treppe nach oben

Was ist die Hoffnung, was die Illusion nach der ersten Bekehrung? Im Geiste sieht man eine Treppe der Heiligkeit vor sich, die nach oben führt.[2] Gemeinsam mit den Brüdern und Schwestern müsste es leichter aufwärts gehen als allein. Im eigenen Herzen ist Bereitschaft zu Verzicht und Opfer und Gehorsam. Das ist etwas Neues und Vielversprechendes, sie war ja vor der Bekehrung nicht da. Habe ich mich nicht schon gewaltig verändert, die alten Sünden bereut, mich getrennt von den alten Wegen? Seht, Jesus macht aus mir einen neuen Menschen! – Bis zu dem Augenblick, an dem ich mich über einen Mitbruder oder eine Mitschwester heftig ärgere und mir ein böses Wort entfährt.

Ach, das war nur ein Ausrutscher versuche ich mich zu beschwichtigen. Aber es passiert wieder. Da ist jemand, den kann ich nicht ertragen. Ich beiße die Zähne zusammen, schließlich kenne ich die Bergpredigt: *Wenn ihr nur die liebt, die*

---

[2] Die folgenden Ausführungen basieren auf einem Vortrag von Pfarrer Kurt Gartner im Dezember 2009 in Teisendorf.

euch lieben, welchen Lohn könnt ihr dafür erwarten? (Mt 5,46) Und die Sache mit dem Balken im eigenen Auge und dem Splitter im Auge des Bruders (Mt 7,3-5) …

Nach und nach werde ich mir schmerzhaft bewusst, dass der alte Adam keineswegs gestorben ist, sondern fast unbeeinträchtigt von meiner Bekehrung weiter am Ruder ist. Wie reagiere ich darauf? So wie früher? Die üblichen Strategien der Vermeidung von Selbsterkenntnis sind diese:

- Bagatellisierung: War nicht wichtig. Kann jedem mal passieren.
- Ausnahme: Das war nur eine Ausrutscher, und das auch und jenes auch. *Eigentlich* bin ich gar nicht so.
- Beschönigung: Ich hab's doch gut gemeint. War nur ein Missverständnis.
- Rechtfertigung: Da kann man gar nicht anders reagieren. Es ist schlimm, was der andere mir angetan hat. Er muss sich ändern. Er muss sich bei mir entschuldigen!
- Empörung: Unmöglich! Diese Ungerechtigkeit! Wie kann sie nur! So kann man sich als Christ wirklich nicht benehmen!
- Herabsetzen: Er ist wirklich krank. Er sollte zum Therapeuten gehen!
- Anklage: Du bist schuld!
- Schlecht über die Person reden.
- Dem anderen schaden wollen.

- Dem anderen wirklich schaden.
- Oder: Dulden, Schlucken, Selbstmitleid, Groll, Nachtragen.

Die Liste könnte gewiss noch erweitert werden, aber sie dürfte ausreichen, um sich selbst darin wiederzufinden. Was immer die eigene Strategie sein mag, sie hat sich nicht in Staub aufgelöst, nachdem ein Mensch sein Leben aufrichtig dem Herrn übergeben hat. Das kann ein Schock sein, wenn man sich schon weit fortgeschritten auf der goldenen Treppe nach oben sah. All diese Verhaltensweisen haben zum Ziel, den eigenen hässlichen Eigenschaften, Lastern, Sünden, Schwächen und Fehlern nicht ins Gesicht schauen zu müssen, dem Eingeständnis aus dem Weg zu gehen: Ja, so bin ich.

Solange man sich müht, auf der Treppe nach oben vorwärtszukommen, hat der Widersacher leichtes Spiel. Er ist der *Ankläger unserer Brüder, der sie bei Tag und bei Nacht vor unserem Gott verklagte* (Off 12,10). Wann immer wir stolpern oder fallen, ist er zur Stelle und bläst unsere Sünde zu unüberwindlichen Hindernissen auf. Wir werden überwältigt von „finsteren Schuldgefühle[n], die der Teufel in uns wachruft, um uns in Verzweiflung zu stürzen. Vor Begehen der Sünde weckt der Versucher unsere Begier und stellt die Sünde als harmlos und Gott als nachsichtig hin, bis wir in Schuld fallen. Dann aber enthüllt er den Abgrund dieser Schuld, erfüllt mit Furcht vor Gott als erbarmungslosem Weltenrichter, droht mit ewiger Verdammnis, hüllt in Verzweiflung und treibt zu Selbstmord. (vgl. Judas Iskariot).“[3] Der Teufel benutzt unsere Schuld, um uns von der Liebe Gottes zu trennen und uns die Gotteskindschaft zu rauben – jetzt und für immer, außer wir flüchten uns in die Barmherzigkeit Gottes. Wieder die Väter: „Echte Buße [ist] ein Kind lichter Zuversicht in die unvergleichliche Barmherzigkeit Gottes, die alle unsere Frevel weit überragt. Alles Verzagen liegt ihr fern.“[4]

Selbsterkenntnis konkret

Es scheint zum Schwersten zu gehören, diesen Akt der Selbsterkenntnis zu vollbringen, selbst dann, wenn man das Leben auf Gott ausgerichtet hat. Ganz besonders schwer wird es, wenn man in der Kirche oder in religiösen Gemeinschaften eine Leitungsfunktion innehat und glaubt, Autorität und Anerkennung nur wahren zu können, wenn die eigenen Sünden unerkannt bleiben – von einem selbst und ganz besonders vor den anderen. Man kann allerdings sicher sein, dass die anderen sie ebenso scharf sehen, wie man selbst deren Sünden wahrnimmt. Das

[3] Selawry, S. 120

[4] a.a.O.

ist der Stoff, der hinter dem Rücken der Betroffenen rege ausgetauscht wird und die Gemeinschaft unterhöhlt.

Es ist deswegen so schwer, weil wir ein Leben lang gelernt haben, dass wir uns Ablehnung, Ausgrenzung, Strafe zuziehen, wenn wir etwas tun, was andere als schlecht ansehen. Es begann, als wir noch klein waren und zum ersten Mal durch Schimpfen, Schreien, Schlagen, Drohen, Strafen das Liebesband zerrissen wurde zu den Personen, denen wir grenzenloses Vertrauen entgegengebracht haben. Es begann, als wir für Wohlverhalten mit Liebe belohnt wurden. Nur wenige haben in ihrem Leben bedingungslose Liebe erfahren.

Und jetzt sollen wir wirklich glauben können, dass Gott uns so liebt, wie wir sind? Wir haben es tausendmal gehört. Wir haben gehört, dass der Vater uns so sehr liebt, dass er *seinen einzigen Sohn in die Welt gesandt hat, damit wir durch ihn leben* (1 Joh 4,9). In jeder heiligen Messe beten wir:

Lamm Gottes, du nimmst hinweg die Sünde der Welt: erbarme dich unser.
Lamm Gottes, du nimmst hinweg die Sünde der Welt: erbarme dich unser.
Lamm Gottes, du nimmst hinweg die Sünde der Welt: gib uns deinen Frieden.

Er nimmt also *meine Sünde* hinweg – ganz ohne Wenn und Aber. Was hält uns davon ab, sie ihm hinzulegen – ganz ohne Wenn und Aber? *Wenn wir sagen, dass wir keine Sünde haben, führen wir uns selbst in die Irre, und die Wahrheit ist nicht in uns* (1 Joh 1,8).

Die zweite Bekehrung

Genau hier ist die Weichenstellung, ob wir wirklich Christen werden. Hier beginnt die zweite Bekehrung und diese dauert ein Leben lang, ist immer wieder neu zu vollziehen. Nur der eigene Stolz türmt sich vor uns auf, Gott selbst sichert uns seine barmherzige Vergebung immer wieder zu. Es wäre so einfach, wenn wir nur glauben könnten, was Johannes schreibt: *Wenn wir unsere Sünden bekennen, ist er treu und gerecht; er vergibt unsere Sünden und reinigt uns von allem Unrecht* (1 Joh 1,9). Wenn wir diesen Weg gehen, dann begeben wir uns auf eine Treppe, die nach unten führt. Es ist der Weg in die Wahrheit der eigenen Existenz. Es ist der einzige Weg zu Gott. *Daran werden wir erkennen, dass wir aus der Wahrheit sind, und werden unser Herz in seiner Gegenwart beruhigen. Denn wenn das Herz uns auch verurteilt – Gott ist größer als unser Herz, und er weiß alles* (1 Joh 3,19-20).

Die lieben Mitmenschen, „die anderen", liefern die Reize, damit unsere Teufel aus der Kiste springen: Rivalität, Eifersucht, Neid, Geltungssucht, die Nummer eins sein wollen, Ärger, Zorn, Geiz, Stolz und die ganze Schar der Unterteufel, die in diesem Milieu ihr Unwesen treibt.

Ich fragte einmal einen Bruder einer Einsiedlergemeinschaft, was denn das Schwerste an seinem Leben sei: Jede Nacht vor 23 Uhr aufstehen und für drei bis vier Stunden beten, vom Fest der Kreuzerhöhung bis Ostern an den Wochentagen nur eine Mahlzeit am Tag essen, ein Leben lang auf einem Strohsack schlafen, die Einsamkeit und das Schweigen ertragen, Gehorsam üben, die Klausur nicht verlassen dürfen? Er antwortete: die Mitbrüder! Ich war erstaunt: Sie sprechen doch nur einmal in der Woche miteinander. Aber ein schräger Blick genügt, ein bestimmtes und beständiges Räuspern im Chor … Immer, immer sind die Mitmenschen eine Herausforderung, lieben zu lernen, besonders die Liebsten.

Die unsichtbare Fehde

Mönche wissen, dass die fremden Götter im Herzen eines Erstbekehrten noch lange nicht gestorben sind. Die Väter sagen: „Unter Einwirkung der Gnade kommt die Erkenntnis der zweifachen Menschennatur zum Bewusstsein. Sie trennt das Widernatürliche im Menschen vom Geistigen, nach dem Bilde Gottes Geschaffenen, und zeigt dieses Bild in seinem vollen

Licht. Der Mensch gewinnt Selbsterkenntnis und entschließt sich, das Unwürdige seines Wesens auszumerzen. Doch ist dieser Entschluss erst der Beginn der Arbeit: Der Mensch hat zwar im Bewusstsein und Willen eine Trennung von seiner früheren Unnatur vollzogen und sich seinem natürlichen Zustand zugewandt. Doch bleibt zunächst sein ganzes inneres Gefüge im alten Zustand; Seele und Körper mit all ihren Verrichtungen sind noch leidenschaftlich wie zuvor.“ [5]

Wer ein Leben lang ein Workaholic war und die Arbeit zu seinem Gott gemacht hat, der kann das nicht mit einem Schlag ändern.

Wer in wechselnden sexuellen Beziehungen gelebt hat, wer sex- oder pornographiesüchtig war, der gewinnt die Reinheit nicht mit der Bekehrung schlagartig zurück. Es ist ein Reinigungsprozess des Leibes, der Seele, der Gedanken nötig, der Jahre dauert.

Wer gewohnheitsmäßig die Wahrheit immer ein wenig auf die eigenen Bedürfnisse zurechtgebogen hat, der lernt nicht von heute auf morgen, es mit der Wahrheit genau zu nehmen – gelegen oder ungelegen.

[5] a. a. O. S. 186.

Wer immer sein eigener Herr war und selbst bestimmt hat, was für ihn gut und richtig ist, der wird lange Zeit brauchen und unter Schmerzen lernen, sich ein- und unterzuordnen.

Der Kampf, „die unsichtbare Fehde", dauert bis zum Ende des Lebens. Wüstenväter berichten, dass sie im Alter plötzlich von sexuellem Begehren angefochten wurden, die sie längst überwunden zu haben glaubten. Sie nehmen es an als Demütigung, die sie vor Stolz bewahrt, denn sie wissen, der Stolz stirbt eine viertel Stunde nach dem Tod.

Arm-Seligkeit

Die innere Fehde hat ein Ziel: Zu lernen, auf den Willen Gottes zu hören und ihm gehorsam zu werden. In Maria haben wir das überragende Vorbild: *Ich bin die Magd des Herrn, mir geschehe, wie du es gesagt hast* (Lk 1,28). Sie weiß, der Antrag kommt von Gott. Sie weiß, dass er alles umstürzt, was sie bisher für ihr Leben geplant hat. Sie ist sich des unauslotbaren Wagnisses bewusst – und spricht ihr Fiat.

Von ihr können wir lernen, was Demut ist: *Meine Seele preist die Größe des Herrn und mein Geist jubelt über Gott, meinen Retter. Denn auf die Niedrigkeit seiner Magd hat er geschaut. Siehe, von nun an preisen mich selig alle Geschlechter*

(Lk 1,46-48). Maria erkennt die Größe Gottes, sie erkennt ihre Abhängigkeit von Gott und ihre Niedrigkeit. Sie weiß, dass sie von Gott gerettet wurde. Gleichzeitig weiß sie und spricht aus, dass alle Geschlechter sie seligpreisen werden. Sie weiß, wer sie ist – vor Gott und vor den Menschen. Demut, sagt Theresa von Avila, ist Mut zur Wahrheit. Sich im Licht Gottes wahrzunehmen und zu sagen: Das, Herr, bin ich – das ist Demut.

Hier, in der Tiefe, wenn wir die Treppe hinabgestiegen sind, hier unten in der Armseligkeit unserer menschlichen Existenz begegnen wir dem Herrn am Kreuz. Dort vernehmen wir: Ich habe hier auf dich gewartet. Sieh, ich habe deine Sünden auf mich genommen, ich habe deine Schuld bezahlt. Ich wasche dich rein mit meinem Blut. Ich bin das Lamm Gottes, das hinwegnimmt die Sünde der Welt – deine Sünde.

Hier unten wird wahr, was wir so oft gehört haben und doch nicht glauben konnten: Gott ist die Liebe, und er liebt mich, so wie ich bin. Er ist gekommen, um die Sünder zu retten und die Kranken zu heilen, von denen ich einer bin. Hier, im Bewusstsein meiner Armut kommt die frohe Botschaft nun endlich bei mir an und macht mich selig: Jesus weist mich nicht zurück, niemals, in *jedem* Zustand kann ich zu ihm kommen. In der Armseligkeit beginnt der Weg der Heilung.

Herzensreue

Nur eines ist unerlässlich: Wahrhaftigkeit, Reue und der Wille zum Guten. „Reue kommt immer zu spät", sagt ein Sprichwort, aber echte Reue ist kostbarer als Gold. Das eben ist der Schmerz der Reue, zu erkennen, dass ich falsch gehandelt habe, dass ich an anderen schuldig geworden bin, dass ich die Liebe verletzt habe, dass ich vor Gott gesündigt habe – *und nichts mehr ändern kann.* Wie sehr erleben Eltern diesen Schmerz, wenn ihre Kinder auf Abwege kommen und sie rückblickend zu wissen meinen, wie sie besser Vater und besser Mutter hätten sein können. Dieser Schmerz, die Herzensreue, macht wirkliche Umkehr möglich, sie liefert den emotionalen Treibstoff, um die Weichen des Lebens umzustellen.

Reue ist etwas völlig anderes als Scham. Scham über eigene Sünden wirkt wie eine Abschirmung vor der Gnade. Scham ist ein brennender Schmerz, wenn eine Sünde *anderen* sichtbar geworden ist. Solange wir uns darüber täuschen, andere sähen sie nicht, koexistiert man recht gut mit ihr. Aber wenn sie dann doch nicht zu verbergen war, brennt es wie Feuer, weil man ja so nicht sein will, vor allem so nicht gesehen werden will. Diese Art von Scham versucht, sich als Reue auszugeben, ist aber nur deren Nachäffung.

Hören wir wieder die Väter: „Echte begnadete Reue, die Gottes Gnade verleiht, weckt ein warmes Bereuen seiner Schuld; bei tiefem Schmerz darüber, Gott gekränkt zu haben, durch Sünde ihm fern zu sein – und zugleich eine freudige Zuversicht in die Barmherzigkeit Gottes und Herzensrührung angesichts Seiner vergebenden Güte. Wie der Verlorene Sohn in des Vaters Arm weint der Mensch um seine Sünden und erlebt froh gerührt die vergebende Liebe des Vaters.“[6]

Mache ich es denn anders als Mutter? Niemals würde ich ein Kind zurückweisen, welches seine Sünden bekennt, sondern es mit Tränen der Freude in die Arme schließen. Keine Sünde könnte zu groß sein, als dass mein Mutterherz nicht schmelzen würde, wenn ein Kind sie bekennt. *Wenn nun schon ihr, die ihr böse seid, euren Kindern gebt, was gut ist, wie viel mehr wird euer Vater im Himmel denen Gutes geben, die ihn bitten* (Mt 7,11).

Immer wieder sind wir der Verlorene Sohn, der bereut, umkehrt und zum Vater kommt. Der Vater, der auf den Sohn gewartet hat, hat Mitleid mit ihm, läuft ihm entgegen, fällt ihm um den Hals

---

[6] a. a. O., S. 194.

und küsst ihn. Er gibt ihm ein neues Gewand, um ein neues Leben zu beginnen, Schuhe, damit er laufen kann, und einen Ring, der den Bund erneuert (Lk 15,11-32). Das ist unser Gott.

Wer das erfahren hat, braucht sein Herz nicht mehr zu verhärten, kann die Masken ablegen und den Panzer ausziehen, mit denen er glaubte, sich schützen zu müssen. Im Licht des Heiligen Geistes wird er bereit, zu den Verletzungen durchzudringen, die mit Strukturen der Sünde überkrustet sind. Er fasst Mut, an der Hand Jesu den Schmerz noch einmal zu durchleben, der zu Verwerfungen in der Seele geführt hat.

Unvollkommene Werkzeuge

Wem die Gnade der Herzensreue zuteil wird, der kann ein Werkzeug Gottes werden. Gott hält uns nicht fest im Alten, bereute Sünden wirft er ins tiefste Meer. Wer seine eigenen Sünden beweint hat, der ist vor Stolz geschützt, jenem größten Hindernis in der Beziehung zu Gott, und kann von Gott zu wahrer Größe erhoben werden. König David hat ein infames Verbrechen begangen, weil ihn der Anblick Batsebas, der Frau des Hetiters Urija, um den Verstand gebracht hat. Natan der Prophet weckt König Davids Gerechtigkeitsgefühl, indem er seine Schuld in eine Parallelgeschichte transponiert, so dass der König von sich absehen kann und empört ausruft: *Der Mann, der das getan hat, verdient den Tod.* Sofort schlägt Natan zu: *Du selbst bist der Mann* (2 Sam 11-12). David tut Buße, fastet streng, schläft auf der Erde, aber das erste Kind, das Batseba ihm geboren hat, muss trotzdem sterben. Sobald es tot ist, fängt König David wieder an zu leben, isst und trinkt und zeugt mit Batseba ein weiteres Kind, den späteren König Salomo, der schließlich auch durch Frauen zu Fall kommen wird. König David wird zwar niemals mehr Frieden haben, aber sein Verbrechen ist kein Hindernis, dass „Sohn Davids" zu einem Ehrentitel für Jesus wird.

Die Entdeckung

Sie, lieber Leser, erinnern sich, dass ich am Anfang sagte, ich sei Jesus nähergekommen durch eine *Entdeckung*. Eben dies war die Entdeckung: Herausgefordert von einer konkreten Situation, in der eine Eigenschaft sichtbar wurde, die ich gerne verborgen halte, erlebte ich zunächst den Sturz auf der Treppe nach oben: Scham vor dem Zeugen, innere Entzweiung unter dem Einfluss des Anklägers: Wie kannst du nur! Immer noch! Du bist unglaubwürdig! Schnell schnell zur Beichte, damit die Weste wieder rein ist.

Dann, ich weiß nicht wie, es muss mich wohl ein Engel auf die Stufen der Treppe nach unten gestellt haben, die Einsicht: *Ja, so bin ich. Jesus liebt mich so, wie ich bin.* Auch jetzt in diesem

Augenblick. Freut er sich nicht über einen Sünder, der umkehrt, mehr als über neunundneunzig Gerechte? Ich muss mich nicht mit mir selbst entzweien, ich gehe einfach, wenn es passiert, so schnell wie möglich zu Jesus. *Aus der Tiefe rufe ich, Herr, zu dir. Er hört meine Stimme, er wendet sein Ohr mir zu, er achtet auf mein lautes Flehen* (Psalm 130). Das ist die Erfahrung der Liebe Jesu, der meine Sünden trägt und durch sein Blut bezahlt hat. Das ist die Frohe Botschaft.

Nicht die Sünde ist das Hindernis, das einzige Hindernis zur Liebe Gottes ist die Verblendung, die Leugnung, die Rechtfertigung der Sünde. Erlösung bedeutet nicht, es doch irgendwann auf der Treppe nach oben bis zur Heiligkeit geschafft zu haben, sondern auf der Treppe nach unten in der Wahrheit der eigenen Person Christus zu begegnen, an die Liebe und das Erbarmen Gottes zu glauben und ihn aufrichtig in Anspruch zu nehmen. Das meint Jesus, wenn er sagt: *Kommt alle zu mir, die ihr euch plagt und schwere Lasten zu tragen habt. Ich werde euch Ruhe verschaffen* (Mt 11,28). Die schwerste Last, die Menschen tragen, ist Schuld, ob sie es wissen oder nicht. Hier in der Tiefe öffnet sich der Weg zur Heiligkeit an der Hand Jesu und Mariens, von dem gar nicht mehr zu sagen ist, ob er eigentlich nach oben oder nach unten führt. Ja, es gibt Fortschritte, aber diese Fortschritte sind ein Werk der Gnade, für die ich durch redliche innere Arbeit bereit werde.

Die Beichte

Im Sakrament der Beichte wird uns diese Begegnung mit Jesus in der Wahrheit geschenkt. Hier nehmen wir die Früchte des Opfers in Anspruch, das in jeder Heiligen Messe neu vollzogen wird: *Das ist der Kelch des neuen und ewigen Bundes, mein Blut, das für euch und für alle vergossen wird zur Vergebung der Sünden. Lateinisch: Hic est enim sanguis meus novi testamenti, qui pro multis effunditur in remissionem peccatorum. (Mt 26,28).* Bald wird das Wort „alle“ im Missale in „viele“ verändert werden, denn „multi“ heißt viele und nicht alle. Jesus hat sein Blut für alle vergossen, aber nicht alle nehmen sein Opfer an. Um zu den „Vielen“ zu gehören, ist es notwendig, sich bewusst zu werden, wo man selbst die Liebe zu Gott und den Menschen verletzt hat. In der Beichte sitzt mir an Jesu statt ein Mensch gegenüber. Der Priester spricht mir hörbar die Vergebung zu: *Ego te absolvo*, ich spreche dich los. So mache ich nicht nur die geistliche, sondern auch die menschliche Erfahrung, trotz meiner Sünden angenommen zu sein. Hier ist die Werkstatt der Verwandlung von Verblendung in Erkenntnis, von Hochmut in Demut, von Stolz in Armut, von Ärger in Mitgefühl, vom Herz aus Stein in ein Herz aus Fleisch. Ich sitze nicht mehr in meinem Unschuldswahn auf einem hohen Ross und klage andere an. Ich bin heruntergestiegen, vielleicht heruntergefallen, und entdecke mich als Sünder unter Sündern. Jetzt erst wird Frieden möglich, denn Frieden gibt es nur zwischen Sündern.

Hier unten, bei Jesus, begegnen mir nun die Personen, die mir Unrecht getan haben, die mich verletzt haben, die in meinen Augen Böses tun, kurz meine „Feinde". Bisher war mein negatives Urteil über sie die schlagende Rechtfertigung für böses Denken, Fühlen und Tun auf meiner Seite. Durch den Abstieg zur vergebenden Liebe Jesu habe ich diese scheinbar zwingende Kausalität durchtrennt: Ich nehme meinen Anteil am Bösen in Besitz, es kommt nicht von außen, sondern aus meinem eigenen Herzen: *Denn aus dem Herzen kommen böse Gedanken, Mord, Ehebruch, Unzucht, Diebstahl, falsche Zeugenaussagen und Verleumdungen. Das ist es, was den Menschen unrein macht* (Mt 15,11.19-20). Ich muss nun nicht mehr wütend im anderen verurteilen, was ich selbst an mir hasse. Wenn ich wirklich erlebe, dass Jesus mir meine Schuld vergibt, dann werde ich fähig, auch den anderen zu ertragen, ihn zu erleiden, mich seiner zu erbarmen, ihm mit Barmherzigkeit zu begegnen. Wir werden fähig zu verzeihen und um Verzeihung zu bitten. Wenn wir irgendwann so weit sind, über uns lachen und mit Johannes dem XXIII. sagen zu können, „Giovanni, nimm dich nicht so wichtig", dann sind wir wirklich auf dem Weg der Heiligkeit.

Unterscheidung der Geister

Der Abstieg in die Wahrheit der eigenen Person ist unerlässlich, um die Geister zu unterscheiden, christliche *communio* zu leben und die Kirche am Leben zu erhalten.
Der Begriff „Unterscheidung der Geister" hat theologische Implikationen. Er geht davon aus, dass es eine unsichtbare Welt gibt, von der aus ein Kampf um die Seele des Menschen geführt wird. Gott hat den Menschen geschaffen, um ihn als Erben an der ewigen Herrlichkeit teilhaben zu lassen. Satan will den Menschen zu Taten verführen, die ihn von Gott, seinem Schöpfer, so weit trennen, dass er zuletzt nein sagt zu Gott und der ewigen Verdammnis preisgegeben ist. Die Tatsache, dass wir davon so gut wie nichts mehr in den Predigten hören, ist kein Beweis für die Unwahrheit der biblischen Offenbarung.

Wenn sie wahr ist, dann ist es notwendig, dass wir zwischen dem bösen und dem guten Geist unterscheiden können. Was führt zum Guten, was führt zum Bösen? Wohin führt der breite Weg, wohin der schmale? Ohne Selbsterkenntnis ist es ausgeschlossen, ein feines Gehör für die Stimme des Gewissens zu entwickeln. Wir verfügen leider nicht über ein objektives Messgerät, das von unseren Wünschen, Ängsten und Begierden unabhängig wäre. Im Gegenteil: Das Messgerät unseres persönlichen Urteils gibt sich objektiv, täuscht uns aber über unsere wahren Motive. Ich werde nicht müde, Romano Guardini zu zitieren, der es auf den Punkt gebracht hat: „Nach der Logik des Bösen setzt sich die Sünde in Verblendung um, diese wird wieder zur Sünde und die neue Sünde verblendet noch mehr."

Diese Unterscheidung zwischen gut und böse wird überlebenswichtig in einer Gesellschaft, in der wir immer raffinierteren Methoden der Manipulation ausgesetzt sind in der Politik, in der Werbung, in einem zunehmend ideologisierten Klima des Werteumsturzes, der insbesondere im sexuellen Bereich von aktiven Minderheiten betrieben wird. Hier ist das Anwendungsfeld hoch effektiver sozialwissenschaftlicher und psychologischer Erkenntnisse. *Wehe denen, die das Böse gut und das Gute böse nennen, die die Finsternis zum Licht und das Licht zur Finsternis machen, die das Bittere süß und das Süße bitter machen* (Jes 5,20). Eines Tages wird sie der Weheruf des Jesaia treffen, aber vorher werden Katastrophen über die Völker hereinbrechen, welche die Orientierung verloren und den Verführern geglaubt haben.

Selbsterkenntnis ist die *conditio sine qua non,* um die Orientierung nicht zu verlieren. Ah, ich habe Angst vor Ausgrenzung, deswegen heule ich mit den Wölfen. Ah, ich neide ihr das Ansehen, deswegen mache ich sie klein. Ah, ich will schuldlos sein, deswegen klage ich jene an, die mein Verhalten Sünde nennen und so weiter und so fort. Damit sind die Angst, der Neid, die Sucht nach Schuldlosigkeit nicht weg, aber sie sind erkannt, und das allein bricht ihre Macht. Der Feind schleicht nicht mehr im Dunkeln, sondern im hellen Licht der Erkenntnis.

Seit meiner Studentenzeit bewahre ich einen Zettel mit einem Zitat von Friedrich Hegel auf. Es ist auf den ersten Blick schwer zu verstehen, aber es bringt die Wahrheit zum Ausdruck, um die es hier geht: „Wer von der Schranke weiß, der weiß von ihr nicht als von einer Schranke seines Wissens, sondern als von einem Gewussten, zu seinem Wissen Gehörenden; nur das Ungewusste wäre eine Schranke desselben. Von seiner Schranke wissen, heißt daher, von seiner Unbeschränktheit wissen." (Friedrich Hegel, *System der Philosophie*)

Christliche Communio

Alle sehnen wir uns nach *communio*, nach einer Gemeinschaft, die von Liebe getragen ist, nicht von Macht, in der wir mit unseren Schwächen, Fehlern und Sünden sichtbar werden dürfen,

ohne ausgegrenzt zu werden, in der wir einander, wenn nötig, auch die Wahrheit sagen können, weil wir bereit sind, zu vergeben und um Vergebung zu bitten.
Im christlichen Seminar- und Exerzitienangebot findet man oft das Thema Vergebung. Es geht dabei meist darum, dass wir lernen, anderen zu vergeben, so als wären wie alle nur Opfer und als lebten die Täter auf einem anderen Stern. Aber wir sind beides und verwunden den Leib des Herrn dadurch, dass wir Gutes unterlassen und Böses tun. Um Vergebung zu bitten, ist ebenso wichtig.

Die Ostkirche hat dafür Platz in der Liturgie. Der Sonntag vor dem Beginn der Fastenzeit wird der Vergebungssonntag genannt. An diesem Tag wird ein spezieller Ritus gefeiert, bei dem jeder Gläubige, angefangen von den Priestern, um Vergebung für die Sünden bittet, die er wissentlich und unwissentlich begangen hat. Einer kniet sich vor dem anderen nieder und sagt: „Ich bitte dich um Vergebung meiner Sünden. Bitte bete für mich." Wie leicht wäre doch der Weg zum Frieden, wenn sich davor nicht ein Berg aus Stolz auftürmte.

Familien, Klöster, geistliche Gemeinschaften und Gemeinden, die Kirche insgesamt, sind in besonderer Weise auf Liebe angelegt. Sie kann nur aufblühen, wenn es die Bereitschaft gibt, die eigenen Sünden zu erkennen und die der anderen zu ertragen und zu vergeben. Den anderen wissen zu lassen, dass ich mir meines Fehlverhaltens bewusst bin, ist der wichtigste und schwerste Schritt. Dann leben beide wieder in derselben Realität, beide nennen schwarz schwarz und weiß weiß, sie müssen sich nicht mehr im Streit um die Wahrnehmung der Realität entzweien. Geduld zu haben mit der Verhaltensänderung einer Person, von der man weiß, dass sie sich ändern möchte, ist die kleinere Übung.

Ein kleines Beispiel: Im Zisterzienserkloster Heiligenkreuz treffen sich die Mönche bis zu siebenmal am Tag zum gemeinsamen Gebet und zur heiligen Messe und singen Gregorianischen Choral. Es nervt, wenn einer beharrlich falsch singt. Wenn er es aber selbst merkt, macht er ein Kreuzzeichen und berührt den Boden. Niemand muss sich mehr ärgern.

Jüngergemeinden sind Gemeinschaften von Menschen, die gemeinsam danach streben, die Verheißung Jesu einzulösen: *Wenn ihr in meinem Wort bleibt, seid ihr wirklich meine Jünger. Dann werdet ihr die Wahrheit erkennen, und die Wahrheit wird euch befreien* (Joh 8,31-32). Wahrheit ist nicht eine Sammlung von Glaubenssätzen, Wahrheit ist eine Person, Jesus Christus, mit der ich nur als Person in Beziehung treten kann. Jesus ist gegenwärtig in seinem Wort und handelt an den Menschen, die sich dem Evangelium aussetzen. Bibelteilen ist dafür eine bewährte Methode. In solch kleinen, verbindlichen Weggemeinschaften kann das Vertrauen wachsen, sich voreinander so zu zeigen, wie man ist, und sich gemeinsam von Jesus verändern zu lassen.

Wie segensreich wäre es, wenn Menschen in Leitungs- und Machtpositionen eine kleine Gruppe von Weggefährten hätten, unter denen sie aus ihrer Führungsrolle heraustreten können, wo sie ihr Gesicht nicht wahren müssen, wo sie ein Kind Gottes sein können unter Brüdern und Schwestern. Sie würden dann leichter darauf verzichten können, Macht auszuüben, und stattdessen echte Autorität gewinnen; sie würden das bekommen, was sie sich am meisten wünschen: die Hochachtung und Liebe derer, die sie zu führen haben.

In Gemeinschaften, in denen diese Arbeit an der eigenen Persönlichkeit tatsächlich stattfindet, kann die Liebe wachsen und schließlich leuchten: „Seht, wie sie einander lieben“ – mit diesen Worten beschreibt der antike Schriftsteller Tertullian staunend die Gemeinschaften der ersten Christen. Sie konnten lieben, weil sie in der Gegenwart des Herrn lebten, der Quelle aller Liebe. Er trägt seinen Jüngern auf: *Ein neues Ge-*

bot gebe ich euch: Liebt einander! Wie ich euch geliebt habe, so sollt auch ihr einander lieben. Daran werden alle erkennen, dass ihr meine Jünger seid: wenn ihr einander liebt (Joh 13,34-35).
Das ist das Geheimnis jenes Klosters, dessen Pater sagt: „Wir, die wir alles hinter uns gelassen haben, die wir unser ganzes Leben auf Gott ausgerichtet haben, entdecken das Böse in uns." Und was ist die Frucht? Innere Freiheit, Heiterkeit, mühelose Kommunikation zwischen Gotteskindern – magnetische Anziehung, ein Überfluss an Berufungen.

Lebendige Kirche

Umkehr ist das Lebensblut der Kirche. Hier wird ein Mensch neu, hier wird „die Welt" neu, indem die Erlösungstat Jesu Christi angenommen wird. Es muss in der Kirche eine kritische Menge von Gläubigen geben, welche diese Arbeit tatsächlich tun, sonst wird das christliche Salz schal und *taugt zu nichts mehr; es wird weggeworfen und von den Leuten zertreten* (Mt 5,13). Die Welt tut alles, um uns daran zu hindern, auf diesem schmalen Weg zu gehen, und sie wirft schadenfroh mit Steinen, wenn Christen fallen.

Erneuerung geschieht nur dort, wo Menschen von der Liebe Jesu getroffen werden und mit ihm den Abstieg in die Wahrheit wagen. Nur der Mensch ist zur Selbsterkenntnis fähig. Wie groß ist es, ein Mensch zu sein, und wie schwer, einer zu werden. Jubeln Sie, lieber Leser, wenn Sie das nächste Mal eine Eigenschaft oder ein Verhalten in sich wahrnehmen, das Sie beschämt. Denn Jesus sagt uns: *Ebenso wird auch im Himmel mehr Freude herrschen über einen einzigen Sünder, der umkehrt, als über neunundneunzig Gerechte, die es nicht nötig haben umzukehren* (Lk 15,7).